E F G
L N M
O T
S Y U
X Z

Liebe Mütter, liebe Väter, liebe Omas,
liebe Opas, liebe Tanten, liebe Onkel,
liebe Lehrerinnen und Lehrer!

Kinder, die zu lesen beginnen, greifen gerne zu Büchern. Sie entdecken, dass Wörter Geschichten ergeben, und wollen selbst lesen.

Die Ich-lese-selbst-Bücher aus der G&G-Lesezugreihe unterstützen diese Motivation und Freude durch ihr besonderes Konzept.
Die Bücher sind in vier Kapitel eingeteilt, in denen sich die Textlängen mit den Kapiteln steigern.
Im ersten Kapitel liest das Kind einen einfachen Satz pro Seite, der durch eine große Illustration unterstützt wird.
Im vierten Kapitel liest es schon vier Zeilen mit schwierigeren Wörtern. Dies entspricht dem natürlichen Verhalten eines Erstlesers.
Die Geschichten regen nicht nur durch ihre Inhalte, sondern auch durch ansprechende Illustrationen zum Weiterlesen an.

Am Ende des Buches gibt es „Spiel- und Spaß-Seiten“ mit altersgerechten Aufgaben und Fragen, die mehr als nur unterhaltsam sind: Sie zeigen, ob das Buch aufmerksam gelesen und verstanden wurde.

Viel Freude beim Lesen und Unterstützen Ihrer Kinder!

Ihr G&G Verlag
Lesepädagogisches
Lektorat

Besonders möchten wir Sie darauf hinweisen, dass der G&G-Lesezug vom **Österreichischen Buchklub der Jugend** empfohlen wird!

Lisa Gallauner

Simon Superheld

Mit Illustrationen von Ingrid Aspöck

G&G

Von Lisa Gallauner im G&G-Lesezug weiters erschienen:
„Leo Lupe löst den Fall", Lesezug 1. Klasse, ISBN 978-3-7074-2001-2
„Hexe Hanna hebt ab", Lesezug 1. Klasse, ISBN 978-3-7074-2033-3
„Robin Hood", Lesezug-Klassiker, ISBN 978-3-7074-1850-7
„Robinson Crusoe", Lesezug-Klassiker, ISBN 978-3-7074-1815-6

www.ggverlag.at

www.lesezug.at

ISBN 978-3-7074-2103-3

In der aktuell gültigen Rechtschreibung

3. Auflage 2022

Reihengestaltung und Vor- und Nachsatz: Carola Holland
Illustration: Ingrid Aspöck
Spiel- und Spaß-Seiten: Mag. Eva Siwy

Gesamtherstellung: Imprint, Ljubljana

Inhalt

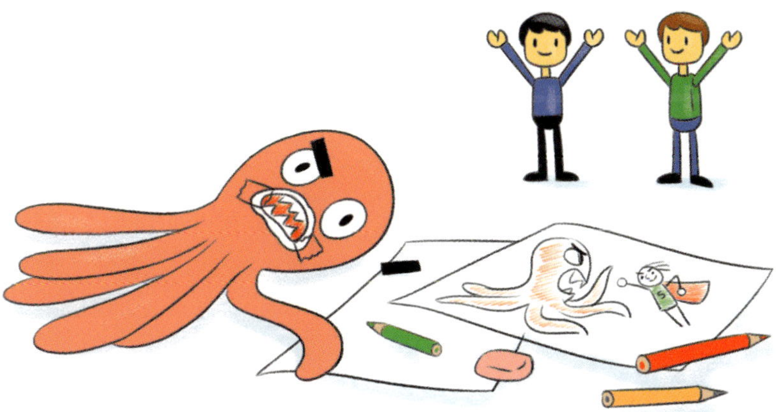

Simon

Das ist Simon.

Er ist sechs Jahre alt.

Simon hat eine Schwester.

Er hat auch einen Bruder.

Mia und Tim sind Zwillinge.

Sie machen alles gemeinsam.

Simon ist gerne allein.

Dann denkt er sich Spiele aus.

Simon mag Spiele mit Helden.

Superhelden sind toll!

Keine Superkräfte

Superhelden tragen oft eine Maske und haben Superkräfte.

Eine Maske hat Simon.
Sie ist rot und schwarz.

Superkräfte hat er nicht. Schade.
Er könnte sie gut brauchen.

Er springt und will fliegen.
Doch er landet auf der Nase.

Er isst oft und gerne Spinat.
Doch richtig stark ist er nicht.

Ist Simon besonders mutig?
Nein, er hat oft Angst.

Unverwundbar ist er leider auch nicht. Im Gegenteil.

Simon ist eben Simon,

ein ganz normaler Bub.

Superhelden-Träume

Nachts, wenn Simon tief und fest schläft, ist alles ganz anders.

Dann ist er ein Superheld.
Er trägt einen tollen Anzug mit
Maske, Stiefeln und Umhang.

Simon Superheld kann fliegen. Und wie! Er ist sogar schneller als das Licht.

Simon Superheld ist stark.
So stark, dass er mit einer Hand
einen Elefanten hochhebt!

Außerdem ist er sehr mutig.
Simon Superheld hat
vor gar nichts Angst.

Unverwundbar ist er auch.
Egal, was passiert.
Ihm kann nichts geschehen.

In seinen Träumen
rettet Simon oft die ganze Welt.
Und es geht ganz leicht.

Er besiegt schlaue Schurken
und grantige Bösewichte.
Das ist ein tolles Gefühl.

In der Früh, wenn Simon aufwacht, ist er traurig. Er ist wieder er selbst.

Dann geht der ganz normale
Simon in die Schule.
Simon, der leider kein Held ist.

Doch ein Held!

Tante Lea nimmt Simon und die Zwillinge mit in den Park. Mia und Tim bauen eine Sandburg, Simon träumt.

Plötzlich hört Simon spitze
Schreie, dann ein Weinen.
Diese Stimmen kennt er doch!
Es sind die von Mia und Tim!

Simon blickt zur Sandkiste. Drei große Kinder umzingeln die Burg der Zwillinge. Sie lachen laut und richtig gemein.

Mia schaut böse. Tim weint.
Die älteren Kinder wollen die
Burg der Zwillinge zerstören.
Und niemand bemerkt es!

Simon schnappt sich seine Maske aus dem Rucksack und holt tief Luft. Schnell wie der Blitz läuft er zur Sandkiste.

Er stellt sich vor die großen Kinder, verschränkt die Arme und sieht sehr ernst drein. Wie ein echter Superheld.

„Lasst sofort meine kleinen
Geschwister in Ruhe!",
ruft Simon, so laut er kann.
Die Kinder suchen das Weite.

„Das war echt mutig von dir, Simon", meint Tante Lea. Tim nickt. Mia lacht. Simon ist eben doch ein Superheld!

LESEZUG

Richtig oder falsch?

	richtig	falsch
Simon ist sieben Jahre alt.	Z	U
Simon hat einen Bruder und eine Schwester.	M	T
Simon mag gerne Superhelden.	H	P
Simon hat eine grüne Maske.	E	A
Simon ist sehr mutig und hat Superkräfte.	L	N
Simon hilft seinen Geschwistern in der Sandkiste.	G	K

Lösungswort: Ein Superheld trägt einen Anzug, eine Maske und einen

_____________________!

Superheld im Traum

Wenn Simon schläft, dann ist er ein Superheld. Doch was kann er? Verbinde!

ist unverwundbar.

malt tolle Bilder.

hat Angst vor Hunden.

Simon Superheld

isst jeden Tag Schokolade.

ist sehr stark.

spielt gut Gitarre.

kann fliegen.

ist sehr mutig und hat vor nichts Angst.

Schau genau!

Auf dem unteren Bild haben sich 5 Fehler eingeschlichen. Du findest sie bestimmt!

Verbinde das Bild mit dem richtigen Satz!

Simon spielt gerne mit Superhelden.

Simon hat oft Angst.

Simon isst Spinat um stark zu werden.

Simon will fliegen, aber landet auf der Nase.

Simon verteidigt seine Geschwister vor den großen Kindern.

Gratis auf unserer Website:
Begleitmaterial zum Download für jeden Lesezug-Band!

Übungen zum Textverständnis, Wortschatzübungen, Schreibanlässe, Wörterbucharbeit und vieles mehr – genau angepasst an die jeweilige Schulstufe!

Beispielseiten aus dem Band „Nina ist neu in der Schule" von Ulrike Motschiunig

Alle Lesezug-Bücher sowie Begleitmaterial finden Sie unter

www.lesezug.at

ISBN 978-3-7074-2468-3
1. Klasse, ab 5/6 Jahre

ISBN 978-3-7074-2425-6
1. Klasse, ab 5/6 Jahre

ISBN 978-3-7074-2353-2
1. Klasse, ab 5/6 Jahre

ISBN 978-3-7074-2198-9
1. Klasse, ab 5/6 Jahre

ISBN 978-3-7074-2239-9
1. Klasse, ab 5/6 Jahre

ISBN 978-3-7074-2065-4
1. Klasse, ab 5/6 Jahre

ISBN 978-3-7074-2267-2
1. Klasse, ab 5/6 Jahre

ISBN 978-3-7074-2033-3
1. Klasse, ab 5/6 Jahre

ISBN 978-3-7074-1999-3
1. Klasse, ab 5/6 Jahre

ISBN 978-3-7074-2126-2
1. Klasse, ab 5/6 Jahre

ISBN 978-3-7074-1969-6
1. Klasse, ab 5/6 Jahre

ISBN 978-3-7074-2167-5
1. Klasse, ab 5/6 Jahre

ISBN 978-3-7074-2001-2
1. Klasse, ab 5/6 Jahre

ISBN 978-3-7074-2166-8
1. Klasse, ab 5/6 Jahre

ISBN 978-3-7074-2345-7
1. Klasse, ab 5/6 Jahre

ISBN 978-3-7074-2125-5
1. Klasse, ab 5/6 Jahre

A
B
C
D
H
I
J
Q
P
K
R
V
W